용의 아들로 태어났지만, 산골짜기로 마를 캐러 다녔던 **서동**,

노래 하나로 **신라 왕의 사위**가 되었다네.

백성들의 **꿈**과 **희망**이 되었다네.

글 | 이상교

1973년 가톨릭 잡지 《소년》과 《조선일보》 신춘문예를 통해 문단에 등단했으며, 세종아동문학상,
한국출판문화상 등을 수상했습니다. 동시집으로 《나와 꼭 닮은 아이》 《자전거 타는 내 그림자》,
동화집으로는 《옴팡집 투상이》 《처음 받은 상장》 등 많은 작품이 있습니다.
《서동과 선화 공주》는 새롭게 꾸민 이야기를 실마리 삼아 어린이들이 우리나라 역사 이야기에
좀 더 깊은 관심을 갖게 되길 바라는 마음으로 썼습니다.

그림 | 윤정주

홍익대학교에서 회화를 전공했습니다. 제2회 '신한새싹만화상' 은상을 받았고,
지금은 그림책 작가로 활동하고 있습니다. 그린 책으로 《아카시아 파마》 《나 좀 내버려 둬!》
《누가 웃었니?》 등이 있습니다. 《서동과 선화 공주》는 신라와 백제를 오가는 무대 배경과 재미있는
캐릭터를 살리기 위해 아크릴을 주요 재료로 하여 평면적 투시 기법을 써서 그렸습니다.

감수 | 김영심

서울대학교 국사학과를 졸업하고, 같은 학교 대학원에서 한국 고대사를 전공하여 박사 학위를 받았습니다.
한국학중앙연구원, 서울대 규장각을 거쳐 지금은 가톨릭대학교 교양교육원 교수로 있습니다. 지은 책으로는
《한강에서 일어난 백제》 《백제의 지방통치》(공저) 《고대 동아세아와 백제》(공저) 등이 있습니다.

탄탄 샘솟는 삼국유사 서동과 선화 공주

펴낸이 김동휘 | **펴낸곳** 여원미디어(주) | **주소** 경기도 파주시 회동길 130(문발동) 탄탄스토리하우스
출판등록 제406-2009-0000032호 | **고객상담실** 080-523-4077 | **홈페이지** www.tantani.com
글 이상교 | **그림** 윤정주 | **감수** 김영심 | **기획** 아우라, 이상임 | **총괄책임** 김수현 | **편집장** 이정희 | **기획 편집** 최순영, 김희선
디자인기획 여는 | **아트디렉터** 김혜경, 이경수 | **디자인** 이희숙, 정혜란, 김윤신 | **사진진행** 시몽 포토에이전시
제작책임 정원성

판매처 한국가드너(주) | 김미영, 오영남, 전은정, 김명희, 이정희

ⓒ여원미디어 2008 ISBN 978-89-6168-152-0 ISBN 978-89-6168-209-1(세트)

※이 책은 저작권법에 따라 보호받는 저작물이므로, 무단으로 이 책 내용의 전부 또는 일부를 복사, 복제, 배포하거나 전산장치에 저장할 수 없습니다.
⚠ 주의 1. 책 모서리가 날카로워 다칠 수 있으니 사람을 향해 던지거나 떨어뜨리지 마십시오. 2. 보관 시 직사광선이나 습기 찬 곳은 피해 주십시오.

서동과 선화 공주

원작 일연 | 글 이상교 | 그림 윤정주

여원◆미디어

백제 법왕 때 이야기입니다.
사비성* 남쪽 연못가에
한 여자가 홀로 살고 있었습니다.
어느 해, 안개가 하얗게 낀 새벽녘이었습니다.
연못에서 커다란 용 한 마리가
비늘을 번쩍이며 용솟음쳤습니다.
용은 여자의 집을 한 바퀴 빙 돌더니,
집 안으로 들어가 여자를 감싸 안았습니다.
그 뒤 열 달이 지나자, 여자는 아들을 낳았습니다.

＊사비성 _ 백제 성왕 때 웅진(공주)에서 옮겨 간 백제의 도읍으로 현재의 부여.

여자는 아들 이름을 '장'이라 지었습니다.
장은 또래보다 키가 한 뼘이나 더 크고,
덩치가 우람했습니다.
또 마음이 넓고 대범하여 그를 따라갈 사람이 없었답니다.
장은 어려서부터 집안이 가난하여,
산에서 마를 캐다 팔아서 먹고살았습니다.
그래서 마을 사람들은 장을 '마 캐는 아이'라는 뜻으로
'서동'이라 불렀습니다.
서동은 궂은 날, 맑은 날을 가리지 않고
마를 캐서 홀어머니를 모셨습니다.

세월이 흘러, 서동은 누가 보아도
늠름하고 잘생긴 젊은이로 자랐습니다.
어느 날, 서동이 마를 잔뜩 캐 등에 지고
집으로 돌아오던 길이었습니다.
"신라 진평왕의 셋째딸 선화 공주가 그렇게 예쁘다며?"
"마음씨도 곱고 똑똑하다는군."
서동은 걸음을 멈추고 사람들이 나누는 이야기에
귀를 기울였습니다.
'신라의 선화 공주라고? 한번 보고 싶은걸.'
서동은 궁리 끝에 머리를 자르고는 마를 잔뜩 짊어진 채,
신라의 도읍인 서라벌을 향해 길을 나섰습니다.

서동은 서라벌 골목을
돌아다니며 아이들을
불러 모았습니다.

"얘들아, 이걸 먹어 보겠니?
사각사각하고, 아주 달콤하단다."
아이들이 여기저기에서 몰려들었습니다.
서동은 아이들에게 마를 나누어 주며
노래 하나를 지어 가르쳤습니다.

노래는 아이들 입을 타고 널리 퍼져 나갔습니다.
"선화 공주님이 남몰래 시집갔다고? 설마!"
사람들은 모이기만 하면 아이들이 부르는
노래를 이야기 삼아 했습니다.
"아이고, 망측해라!"
"혼인도 하지 않은 아가씨가 밤마다 남자 방에 드나들다니."
사람들은 귓속말로 소곤거리다 깔깔 소리내 웃었습니다.
서라벌 사람이라면 서동이 퍼뜨린 노래를
모르는 이가 없을 정도였습니다.

서라벌 장안을 휩쓸던 노래는 신라 궁궐 안까지 퍼졌습니다.
신하들은 기막혀 하며 펄쩍 뛰었습니다.
"여염집 아가씨라도 문제일 텐데,
한 나라의 공주로서 있을 수 없는 일입니다."
"공주님을 쫓아내야 합니다.
그래야 왕실의 위엄이 설 것입니다."
진평왕은 어쩔 수 없이 선화 공주를 쫓아내기로 했습니다.

"선화야, 언젠가는 네 누명이 벗겨질 것이다.
이 순금 한 덩이면 밥을 굶지는 않을 테니 가져가거라."
왕비는 쫓겨나는 선화 공주에게 귀한 금을 내주었습니다.

선화 공주는 궁궐을 떠나 발이 부르트도록
걷고 또 걸었습니다.
외진 숲길로 들어섰을 때입니다.
"선화 공주님, 제가 공주님을 모시고 가겠습니다!"
누군가 앞을 가로막으며 털썩 무릎을 꿇었습니다.
생김새가 늠름하고, 눈매가 서글서글한 젊은이였습니다.
선화 공주는 어쩐지 마음이 끌렸습니다.
두 사람은 함께 길을 떠났습니다.

서동과 선화 공주는 서로 마음이 끌려
부부가 되기로 했습니다.
그리고 서동은 집으로 향하는 길에
그동안의 일을 털어놓았습니다.
"그럼, 노래를 지어 퍼뜨린 사람이
바로 당신이란 말인가요?"
선화 공주는 깜짝 놀랐지만, 한편으로는
대범하고 지혜로운 서동이 마음에 들었습니다.
"노래가 맞아떨어지기는 했군요.
제가 당신에게 시집을 가니, 하하."
선화 공주는 크게 웃었습니다.

두 사람은 마침내 서동의 집에 도착했습니다.
담은 무너져 가고, 지붕의 볏짚은 삭아서
건드리기만 해도 부서져 내렸습니다.
"이 금을 팔아 집도 새로 짓고, 쌀도 삽시다."
선화 공주는 지니고 있던 금 한 덩이를 내놓았습니다.
"금이 그렇게 값나가는 거요?
내가 마를 캐던 골짜기에 산더미처럼 쌓여 있다오."
"정말인가요? 금은 세상에 둘도 없는 보물입니다.
그걸 가져다 제 부모님이 계신 궁궐에 보내면 어떨까요?
그러면 부모님께서도 우리를 인정해 주실 거예요."
"나야 더없이 기쁜 일이오."
서동이 웃는 얼굴로 대답했습니다.

두 사람은 서동이 마를 캐던 골짜기에 가 보았습니다.
서동의 말대로 그곳에는 누런 황금 덩이가 쌓여 있었습니다.
"이게 다 금이라니! 그런데 이 금을 어떻게 옮기지요?"
선화 공주가 놀라 서동에게 물었습니다.
"사자사에 계신 지명 법사님께 부탁해 봅시다.
도술을 부리시니, 좋은 방법을 찾아 주실 거요."
두 사람은 곧 지명 법사를 찾아갔습니다.
"금을 옮기는 일은 내게 맡기고,
일단 금을 사자사 앞에 갖다 놓으십시오."
서동과 선화 공주는 금을 사자사 앞에 쌓은 뒤,
진평왕에게 보내는 편지를 그 위에 올려놓았습니다.

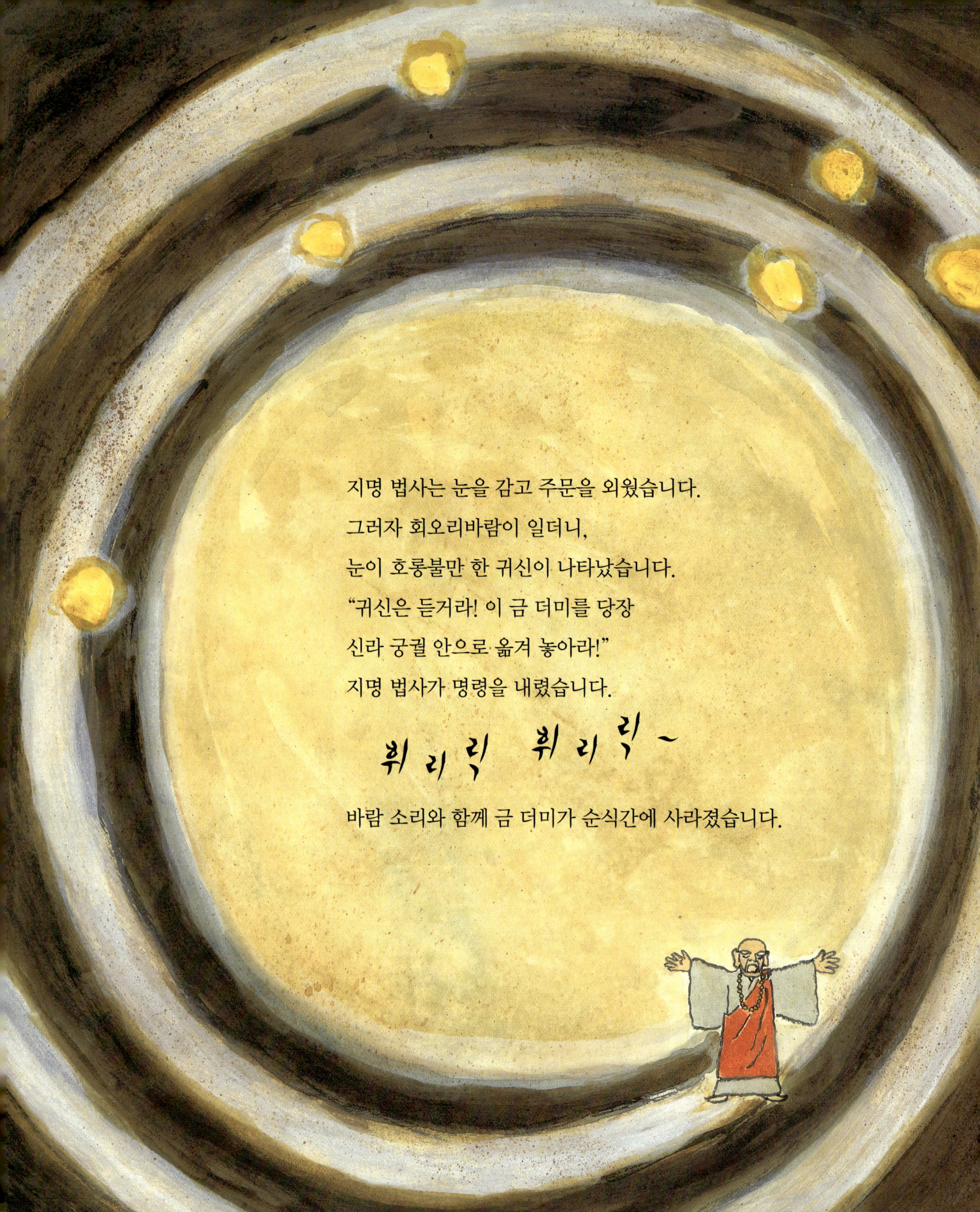

지명 법사는 눈을 감고 주문을 외웠습니다.
그러자 회오리바람이 일더니,
눈이 호롱불만 한 귀신이 나타났습니다.
"귀신은 듣거라! 이 금 더미를 당장
신라 궁궐 안으로 옮겨 놓아라!"
지명 법사가 명령을 내렸습니다.

휘리릭 휘리릭~

바람 소리와 함께 금 더미가 순식간에 사라졌습니다.

다음 날 이른 아침, 신라 궁궐은
놀란 신하들의 소리로 떠들썩했습니다.
"하룻밤 사이에 궁궐 마당에 금 더미가 쌓이다니!"
진평왕도 이 소식을 들었습니다.
"오, 선화 공주가 이처럼 많은 황금 덩이를 보내오다니!"
진평왕과 왕비는 기쁨과 놀라움으로 어쩔 줄 몰랐습니다.
"선화 공주를 아내로 삼은 서동이 대단한 사람인가 보오."
선화 공주가 보내온 편지를 읽은 진평왕이
감탄하며 말했습니다.
그 뒤로 진평왕은 서동과 선화 공주의 집으로
사신을 자주 보내 소식을 물었습니다.

한편, 서동과 선화 공주는 금을 팔아
가난한 사람들에게 쌀과 옷가지를 나누어 주고,
병든 사람에게는 약을 보내 주었습니다.
"참으로 고마운 분들이야."
"그분들 덕에 살기가 좋아졌어!"
서동과 선화 공주를 칭찬하는 말이
온 백제에 널리 퍼졌습니다.

세월이 한참 흘러, 백제 법왕은 백성들의 인심을 많이 얻은
서동에게 왕위를 물려주었습니다.
그리하여 서동은 백제 30대 임금인 무왕이 되고,
선화 공주는 왕비가 되었습니다.

어느 날 무왕과 왕비가 용화산에 있는
사자사로 가던 길이었습니다.
용화산 아래 큰 연못가에 이르렀을 때,
연못 속에서 미륵불 셋이 솟아 나왔습니다.
왕비는 미륵불이 솟아 나온 자리에
절을 짓고 싶다고 말했습니다.
무왕은 지명 법사에게 연못을 메워 달라 부탁했습니다.

연못이 평평한 땅으로 메워지자,
무왕은 그곳에 절을 짓도록 했습니다.
"연못에서 솟아 나온 미륵불을 모신
절이니 이름을 미륵사라 지읍시다."

무왕과 왕비는 그 뒤로도
백성들을 아끼며 잘 다스렸습니다.
백성들은 무왕을 미륵불과 같은
너그러운 왕이라며 칭송했습니다.

 # 백제 평민들의 영웅 서동

앞에서 읽은 《서동과 선화 공주》는 영웅 이야기의 하나란다. 박혁거세나 주몽과 같은 영웅 이야기 말이야. 백제를 세운 온조는, 알에서 나온 고구려의 주몽이나 신라의 박혁거세처럼 출생이 특별하지는 않아. 하지만 서동은 신비한 출생의 비밀을 갖고 있지. 어머니는 평범한 사람이었지만, 아버지는 사람이 아니라 용이잖니?

후백제를 세운 견훤도 서동과 비슷한 출생의 비밀이 있단다. 옛날 전라도 광주 북촌의 한 부자가 딸 하나를 두었는데, 밤마다 자주색 옷을 입은 남자가 딸을 찾아와 자고 갔대. 부자는 긴 실을 바늘에 꿰어 그의 옷에 찔러 놓으라고 했고, 딸은 그 말대로 했어. 다음 날 실 끝을 북쪽 담장 밑에서 찾았는데, 바늘이 큰 지렁이의 허리에 꽂혀 있었어. 딸은 그 뒤에 견훤을 낳았어. 그러니까 견훤의 아버지는 큰 지렁이인 셈이지.

백제 땅에서는 이렇게 여성이 용이나 다른 신령스러운 동물들과 결합해서 영웅이 태어났다는 이야기가 유행했던 것 같아.

영웅으로서 서동의 또 다른 특징은 처음부터 그에게 뛰어난 능력이 있던 것은 아니라는 점이야. 다만 지혜를 발휘하여 선화 공주라는 귀한 신분의 여자와 결혼하게 되었지. 그래서 금의 가치를 알게 되었고, 금을 잔뜩 진평왕에게 보내서 결혼도 인정받고, 좋은 일에 써서 백성들의 인심도 얻게 되었어.

평범한 남자가 부인의 도움을 받아서 큰일을 하게 되는 이야기는 또 있단다. 바보로 알려진 고구려의 온달도 평강 공주의 도움을 받아서 훌륭한 장군이 되었지? 이렇게 부인의 도움을 받아서 힘든 일을 이겨 내고 큰일을 하게 되는 영웅들은, 처음부터 뛰어난 능력과 신비한 힘을 가진 영웅들보다 좀 더 친숙한 느낌이 들지 않니? 누구나 그런 영웅이 되는 상상을 해 볼 수 있으니 말이야.

> **서동은 보통 사람들이 좋아하고 가깝게 느낄 수 있는 영웅이란다**

무왕이 미륵사를 지은 까닭은?

사실, 서동이 누구냐 하면 바로 백제 무왕(재위 600~641년)이야. 《삼국사기》에도 무왕에 대한 기록이 있는데, 이 이야기에서처럼 아버지가 용이었다고 기록되어 있지는 않아. 무왕의 아버지는 법왕인데, 무왕은 단지 아버지의 뒤를 이어 왕이 되었다고 해. 어떤 이야기가 사실일까? 아마 사실은 《삼국사기》에 쓰인 대로일 거야. 어떤 사람들은 서동 이야기에 나오는 용이 바로 왕을 상징하는 것이라고 하지. 또 서동은 어머니의 신분이 낮아 왕위에 오르기 힘들었는데, 백성들의 신임을 얻어 왕이 되었을 것이라고 추측하기도 한단다.

무왕은 왕으로서 여러 가지 일을 했지만, 가장 기억할 만한 것이 바로 미륵사를 지은 거야. 미륵사는 지금도 전라북도 익산에 그 터가 남아 있는데, 무왕이 백제를 중흥시키기 위해 거대하게 지은 절이라고 해.

이 절터에는 나무로 만든 목탑이 가운데 있고 양쪽에 석탑이 있었어. 그리고 각 탑의 뒤에는 부처님을 모시는 금당이 있었던 것으로 밝혀졌어. 이러한 절의 모습은 연못 속에서 미륵불 셋이 나타나서, 미륵불상 셋을 모실 전각과

> 무왕은 익산 지역이 정치적으로 중요해서 왕궁뿐만 아니라 백성의 마음을 하나로 모을 수 있는 미륵사를 세웠던 거야

탑을 세 곳에 따로 짓고 '미륵사'라고 하였다는 서동 이야기와 일치하고 있단다.

그렇다면 무왕은 왜 익산에 미륵사를 지었을까? 무왕은 힘 있는 호족 세력이 많은 익산 지역을 매우 중시했던 것 같아. 그래서 익산으로 도읍지를 옮겼을 것이라고 하는 사람들도 있어. 익산에는 미륵사 말고도 무왕이 이 지역을 중시했음을 보여 주는 흔적이 많이 남아 있단다. 왕궁리에는 무왕 때 만들어진 것으로 보이는 왕궁 유적이 발굴되었고, 왕실의 절로 보이는 제석사 터가 발견되기도 했어. 익산은 무왕이 백제의 힘을 키우고 발전시키려는 꿈을 펼치던 중요한 곳이란다.

거대하고 화려했던 미륵사 전체 모습을 복원한 모형
무왕이 세운 미륵사는 오랜 시간이 흐르면서 나무로 지은 건물들은 사라지고, 지금은 석탑을 비롯하여 돌로 된 것들만 일부 남아 있다.

미륵사지 석탑
미륵사에 있던 세 개의 탑 중 서쪽에 있는 석탑으로 반쯤 무너져 있다. 지금은 6층까지 셀 수 있지만, 원래 몇 층이었는지는 알 수 없다. 일제 강점기에 탑이 무너지지 않게 콘크리트를 마구 발라 놓아 훼손이 심했는데, 현재 복원 작업을 하고 있다.

백제 무왕이 신라 선화 공주와 결혼을?

이 이야기에서 또 한 가지 중요한 부분은 백제 무왕, 즉 서동이 신라 진평왕(재위 579~632년)의 딸 선화 공주와 결혼했다는 부분이야. 이것은 역사적 사실일까?

일단 나이로 무왕이 진평왕의 사위가 될 수 있었을지 따져 보면 어느 정도 맞다고 할 수 있지. 그래서 이 이야기를 역사적 사실로 받아들이는 사람들도 있어.

하지만 무왕 때에는 백제와 신라 사이가 너무 안 좋았기 때문에 결혼이 불가능했을 거라는 사람들도 많아. 무왕의 증조할아버지인 성왕이 신라와의 전쟁에서 죽었거든. 그래도 무왕이 진평왕의 딸과 결혼했다면, 무왕이 즉위한 뒤에는 신라와의 사이가 좋아졌을 법한데 무왕 때에는 신라와 더 심하게 전쟁을 했단다.

그래서 어떤 사람들은 백제 왕이 신라 공주와 결혼한 사실은 있지만, 무왕은 아닐 거라고 말하기도 해. 가장 가능한 시기로는 고구려가 남쪽으로 백제와 신라를 압박하고 있었던 동성왕(재위 479~501년) 무렵으로 본다. 두 나라가 연합하려던 시기여서 백제와 신라 왕실 사이에 혼인이 있었을 것으로 보기도 하지. 그렇지만 이 시기는 무왕 때보다 약 100여 년이나 앞서 있던 시절이란다.

그렇다면 어떻게 이해할 수 있을까? 우선, 이야기 속에서 실마리를 찾아볼 수 있어. 무왕을 제외하고 미륵사의 창건과 관련이 있는 사람들, 그러니까 선화 공주, 진평왕 그리고 지명 법사까지 모두 신라 사람이야. 정확한 답이 있는 것은 아니지만, 미륵사를 세울 때 신라의 역할이 컸다는 것을 이야기하려고 한 것 같아. 백제는 무왕 다음인 의자왕을 마지막으로 신라와 당나라에 의해서 멸망하고, 미륵사가 있던 익산 지역은 신라가 차지하게 되었어. 신라가 미륵사에 영향을 미치면서, 미륵사의 창건에 신라가 중요한 역할을 했다는 이야기가 덧붙어 전해진 이야기일 수도 있단다.

> **서동과 선화 공주의 결혼처럼 백제와 신라가 사이좋게 지내기를 바라는 사람들의 마음이 담겨 있을지도 몰라**

■■ 부록

역사의 열쇠 1, 2, 3 글 박성현 | 그림 이윤희
역사 놀이터 글 이정희 | 그림 이윤희

■■ 사진 출처 및 제공처

역사의 열쇠 2 미륵사지 복원 모형_미륵사지 유물전시관 | 미륵사지 석탑_시몽포토
역사 놀이터 백제 그릇받침_국립공주박물관 | 황남대총 금관_국립경주박물관(경박 200710-150)·《신라황금》, 국립경주박물관, 2001 | 신라 토우_국립중앙박물관(중박 200801-004)·《신라 토우》, 국립경주박물관, 1997 | 백제 금동대향로_국립부여박물관 | 백제 관 꾸미개_국립공주박물관 | 고구려 금동 신발_《조선유적유물도감》 | 백제 남자 소변기_국립부여박물관 | 고구려 해뚫음무늬 금동 장식_시몽포토

※ 이 책에 사용한 모든 자료의 출처를 밝히기 위해 최선을 다했습니다. 빠지거나 잘못된 점을 알려 주시면 바로잡겠습니다.

■■ 일러두기

· 맞춤법, 띄어쓰기는 국립국어연구원에서 펴낸 〈표준국어대사전〉을 기준으로 삼았습니다.
· 외국 인명, 지명은 국립국어연구원에서 펴낸 〈외래어 표기 용례집〉을 따랐습니다. 단, 중국 지명은 현지음에 따랐습니다.
· 역사 용어는 교육인적자원부에서 펴낸 〈교과서 편수자료〉에 따르되, 어려운 용어는 쉽게 풀어 썼습니다.
· 옛 지명은 ( ) 안에 현재 지명을 함께 적었습니다.
· 연도나 월은 1895년 태양력 사용을 기점으로 이전은 음력으로, 이후는 양력으로 표기했습니다.

▶▶ 역사 놀이터 정답

《서동과 선화 공주》는 《삼국유사》 기이 제2편 〈무왕〉에 실린 이야기입니다.
'기이'는 신기하고 묘한 일이라는 뜻으로, 기이 편에는 고조선부터 후삼국까지 우리 역사의 뿌리가 되는 나라와 왕들의 신이한 이야기가 실려 있습니다.